K. Sheppard

Gesundheit für Katzen durch Homöopathie

edition wandlungen

Vom gleichen Autor ist in der edition wandlungen der Titel »Gesundheit für Hunde durch Homöopathie« erschienen.
Titel der englischen Originalausgabe: THE TREATMENT OF CATS BY HOMOEOPATHY

CIP-Kurztitelaufnahme der Deutschen Bibliothek

Sheppard, K.:
Gesundheit für Katzen durch Homöopathie/K. Sheppard. [Übers. von: Sabine Bourjau]. –
Oldenburg/Hunte: edition wandlungen, 1984.
Einheitssacht.: The treatment of cats by homoeopathy (dt.)
ISBN 3-88359-011-8

Übersetzung: Sabine Bourjau
Titelfoto: Heinz Kraxenberger, München
Illustrationen: Heidi Beilstein
Satz: Satzzentrum Oldenburg GmbH, Oldenburg
Gesamtherstellung: Neue Stalling, Oldenburg

ISBN 3-88359-011-8

Inhalt

Einführung

Obgleich sich die Homöopathie seit ihrer Entdeckung im Jahre 1796 durch Christian F. Samuel Hahnemann über den ganzen Erdball hin verbreitet hat, trifft sie noch immer auf Unverständnis und Feindseligkeit von seiten derer, die sie verurteilen, ohne sie erprobt zu haben.

Das Wort »Homöopathie« stammt aus dem Griechischen: **homoios,** »ähnlich« und **pathos,** »Zustand« oder »Bedingung« und bezeichnet eine Behandlungsweise, die auf dem Grundsatz »Similia similibus curentur« basiert, – »Ähnliches werde durch Ähnliches geheilt«.

Die Homöopathie weist sich hauptsächlich durch drei charakteristische Prinzipien aus:

1.) Arzneimittelversuche werden am gesunden Menschen vorgenommen.

2.) Anwendung des Ähnlichkeitsprinzips »Similia similibus curentur« in Krankheitsfällen, die durch innerliche Behandlung heilbar sind.

3.) Verordnung von kleinsten potenzierten Dosen, die keinerlei schädliche Nebeneffekte bewirken.

Vom Standpunkt des Menschen aus gesehen ist allein der Vorteil schon entscheidend, daß die Wirksamkeit der Medikamente am gesunden menschlichen Körper erprobt wurde, anstelle von Tieren, die ihre Empfindungen nicht genau ausdrücken können und womöglich anders reagieren.

Es ist gut bekannt, daß Schwefel Hautausschläge hervorruft und heilt, daß **Ipecacuanha** (Brechwurzel) Übelkeit hervorruft und auch heilt. Diese Beispiele illustrieren die Wirksamkeit des homöopathischen Prinzips.

Die Erklärung für diesen zweifachen Effekt liegt in der Zuteilung: große Gaben bewirken das Gegenteil von dem, was kleine Gaben bewirken. Zum Beispiel wird Rhabarber in größeren Mengen als Abführmittel wirksam, während die homöopathische Dosis genau die Form von Diarrhöe heilt, für die sie das passende Mittel auf der richtigen Wellenlänge darstellt.

In gleicher Weise bewirkt **Opium** in größeren Gaben Benommenheit und Abstumpfung sowie Verstopfung, wohingegen die kleinen homöopathischen Gaben generell, wie auch auf die Verdauung, stimulierend wirken. Was sich in der einen Form als schädlich erweist, wirkt sich in der anderen als heilsam aus. Und was sich im gesunden Organismus bewahrheitet hat, tut dies erst recht im erkrankten.

Die Homöopathie hat also ihre eigenen wissenschaftlichen Grundlagen. Vielleicht einer der größten Vorzüge ist, daß die winzigen vorgeschriebenen Dosen keine schädlichen Nebenwirkungen hervorrufen, so daß Giftwirkungen (bei starken allopathischen Medikamenten nicht selten) bei richtiger Anwendung niemals auftreten. Die Verordnungen sind angenehm zu schlucken und können der kleinsten Katze ohne Bedenken verabreicht werden. Spritzen werden überflüssig.

Ein weiterer Vorteil besteht darin, daß Homöopathika sofort zur Anwendung kommen können, auch wenn eine Erkrankung noch nicht ganz klar ausdiagnostiziert wurde. Durch das Wissen um die Wirkung eines Mittels auf den gesunden Organismus läßt sich das Entsprechende sofort anwenden und die Krankheit oftmals noch im Keime ersticken.

Außerdem ist mit der Homöopathie dem Laien für »schwerere Fälle« etwas in die Hand gegeben, als erste Hilfe zur Linderung oder Erleichterung beizutragen, solange ein Tierarzt nicht zu erreichen ist. So läßt sich z. B. mit einer Gabe **Arnica** bei Verletzungen etwas gegen Schockeinwirkungen unternehmen.

Da die Homöopathie das Individuum behandelt und nicht eine diagnostizierte und irgendwie benannte Krankheit, ist es im Rahmen dieses Büchleins nicht möglich, mehr als Heilanzeigen, Hinweise auf Mittel und die Symptome, die sie erforderlich machen, zu geben. Staupe z. B. kann bei jeder Katze anders aussehen, und jeder würde seinem Krankheitsbild entsprechend ein anderes Medikament benötigen. So müssen wir lernen, genau zu beobachten.

Das Mittel sollte entsprechend den Hahnemann'schen Gesetzen Verwendung finden:

1.) Nur ein Medikament

2.) Die hochverdünnte Potenz

3.) Die Gesamtheit der Symptome, die das Individuum aufweist, ist für die Wahl des Mittels verantwortlich.

Homöopathie hilft sehr schnell, **wenn das richtige Mittel gefunden ist.** Die niedrigen Potenzen von 3 bis 6 wirken nicht so schnell und weitreichend wie die Hochpotenzen. Deshalb ist es für jemanden, der mit der Homöopathie noch keine weiteren Erfahrungen sammeln konnte, sicherer, sich an die niedrigen Potenzen zu halten. Man sollte die Gaben auch nicht voreilig wiederholen. In den ersten 24 Stunden nach Einsetzen der Besserung sollte man jedenfalls aussetzen.

Die Zahl, die auf den Namen des Medikamentes folgt, zeigt den Verschüttelungsgrad an. Dabei werden D- (1:10) wie auch C- (1:100) Potenzen empfohlen.

Die Mittel sollten an einem kühlen, trockenen und vorzugsweise dunklen Platz aufbewahrt und von allen scharf riechenden Lösungen ferngehalten werden, da diese ihre Wirkung beeinträchtigen.

Die Mittel sind fertig zubereitet in der gewünschten Potenz in jeder Apotheke erhältlich. Sie liegen als Pulver, Globuli, als Dilution (flüssig) oder in Tablettenform vor.

Wenn nicht anders vermerkt, sind alle Medikamente innerlich zu verabreichen. **Carbo-Nux** meint eine Verbindung von **Carbo vegetabilis C 6** und **Nux vomica C 6**. Sie ist ebenfalls in der Apotheke erhältlich. Ø bedeutet Urtinktur.

Katzenkrankheiten

Abszeß

Katzen sind für Abszesse ziemlich empfänglich. Oft erscheinen sie im Gesicht, auf Kehle oder Nacken, was sich - vor allem bei alten Katzen - unter Umständen auf einen faulen Zahn zurückführen läßt, der vom Tierarzt behandelt und notfalls entfernt werden muß (s. auch unter »Zähne«). Auch an anderen Körperstellen treten Eiterbildungen infolge nächtlicher Kämpfe und Kratzwunden auf.

In manchen Fällen ist die Schwellung von erhöhter Temperatur und offensichtlichem Schmerz begleitet; das Tier ist deutlich krank.

Behandlung
Alle drei Stunden mit warmer **Calendula-Lotion** betupfen (ein Teelöffel Calendula-Urtinktur auf eine halbe Tasse heißes Wasser). Man gibt innerlich jede Stunde **Tarantula cubensis C 30**. Dadurch werden die Schmerzen auf erstaunliche Weise gelindert. Der Abszeß wird schnell zum Reifen und manchmal zum selbständigen Öffnen gebracht. Auf den geöffneten und vom Eiter befreiten Abszeß legt man wieder eine Kompresse mit verdünnter **Calendula-Tinktur** auf, die durch einen Verband festgehalten wird. Die Auflage häufig wechseln. Sobald der größte Teil des Eiters abgeflossen ist, läßt sich statt der verdünnten Tinktur **Calendula-Salbe** verwenden.

Wenn **Tarantula cubensis** nicht zur Verfügung steht, erleichtert auch **Belladonna C 6** in zweistündlichen Intervallen gegeben den Schmerz und bringt den Abszeß zum Reifen. Nach dem Öffnen gibt man **Hepar sulfuris C 6** alle zwei bis drei Stunden und benutzt zum Abklingen **Hepar sulfuris-Salbe**.

Anämie

Nach einer akuten Erkrankung oder einem Blutverlust sind bei Katzen oft Zeichen von Anämie zu beobachten: Das Zahnfleisch ist blasser als sonst; Nasen, die gewöhnlich rosa aussehen, sind fast weiß; die Katze ist teilnahmslos.

Behandlung
Entwickeln sich die Symptome nach einer Erkrankung, so bringen **Calcium phosphoricum D 3** oder **Natrium muriaticum D 6**, dreimal täglich, Besserung. Zusätzlich geben wir reichlich gesundes Futter und sehen zu, daß das Tier an die frische Luft kommt. Wenn die Anämie nach Blutverlust entstanden ist, gebe man alle vier Stunden **China C 3** oder **C 6**.

Asthma

Alte Katzen leiden manchmal an Asthma. Zum Krankheitsbild gehören Husten und schweres oder krampfartiges Atmen.

Behandlung: Bei nächtlicher Verschlimmerung in warmen Räumen oder bei Temperaturwechsel entweder zum Warmen oder zum Kalten hin oder bei Bewegung, ist eine einmalige Gabe von **Sulphur C 30** angeraten. Falls nötig, kann man wiederholen. Wenn sich der Zustand bei Anstrengung verschlimmert, die Katze den Ofen kaum verläßt und sich im Warmen auch besser fühlt, dabei kaltes Wasser zu trinken wünscht, geben wir **Arsenicum album C 30**. Eine Gabe wird reichen.

Sollte die Katze husten und Speichel wie geschlagenes Eiweiß auswerfen, bringt **Ipecacuanha C 3** Erleichterung (jede halbe Stunde). Bei starkem Durst und bei Besserung im Liegen hilft **Bryonia C 6** alle zwei Stunden.

Spongia D 6 alle zwei Stunden ist hilfreich bei keuchender, erschwerter Atmung mit erstickendem Husten. Solange die Besserung voranschreitet, keine weiteren Gaben.

Augen

Katzen haben keine besondere Veranlagung zu Problemen mit den Augen. Was jedoch immer wieder vorkommt, sind die bei Kämpfen zwischen Katern entstehenden Verletzungen und Entzündungen bei Bindehautkatarrh. Zu solchen Entzündungen kommt es natürlich auch durch Staub oder Sägemehl sowie bei kaltem Wind oder Durchzug.

Verletzungen in der Umgebung der Augen sind durch handwarme **Calendula-Waschungen** gut versorgt. Zehn Tropfen der Urtinktur auf ein großes Glas Wasser heilen rasch und wirksam. Man betupft die Wunde dreimal täglich und gibt innerlich - ebenfalls dreimal täglich - eine Gabe **Arnica C 6**.

Auch ein ernsthafter Bindehautkatarrh wird im oben beschriebenen Verdünnungsverhältnis mit **Calendula-Waschungen** versorgt. Zusätzlich hat sich **Influencinum C 30** jeden zweiten bis dritten Tag auch bei starken Beschwerden mit Vereiterungen als außerordentlich wirksam erwiesen.

Der akute Bindehautkatarrh als Folge von kalter Zugluft oder Winden reagiert sehr positiv auf **Aconitum C 30**. Oft genügt bereits eine einzige Gabe.

Waschungen mit **Euphrasia-Lotion** (zehn Tropfen Tinktur auf ein großes Glas handwarmes Wasser) drei bis vier Mal täglich helfen gut, wenn es durch Staub oder Pollen zu geschwollenen Bindehäuten gekommen ist. Sollte sich die Katze gegen die Waschungen wehren, so kann man auch weiter verdünnen - der Effekt bleibt der gleiche.

In manchen Fällen heilt **Euphrasia** Augenerkrankungen besser als **Calendula**, in anderen ist wieder das Gegenteil der Fall. Bei der Homöopathie handelt es sich eben um eine Beobachtungsheilkunde.

Sollten die Augenlider verklebt sein, trägt man etwas **Calendula-Salbe** im Anschluß an die Behandlung auf. Bei arg vereiterten Augen helfen Spülungen mit Salzlösung (ein Teelöffel auf einen Liter Wasser).

Bei nicht ganz gesunden Katzen fällt oft die Nickhaut, das dritte Augenlid vor, und man darf dieses Zeichen nicht übersehen. Manche Kätzchen werden mit offenen Augen geboren oder mit Einschlagungen des Augenlids, Verwachsungen der Wimpern o. ä.; all dies sind angeborene, während des Heranwachsens in der Gebärmutter entstandene Fehlentwicklungen und gehören in die chirurgische Praxis des erfahrenen Tierarztes. Nach innen gewachsene Wimpern sind nicht allzu schwierig zu operieren. Allerdings wäre es ratsam, das Tier frühzeitig zu sterilisieren, es zumindest nicht für Zwecke der Züchtung einzusetzen.

Auch Tuberkulose wirkt sich auf die Verfassung der Augen aus, beschränkt sich aber selbstverständlich nicht auf diesen Punkt.

Durch kalte Luft in die Augen kommt es oft zu wochenlang andauerndem Tränenfluß. Die Behandlung erfolgt zwei bis drei Mal täglich mit **Silicea C 6**. Nach wenigen Wochen geht man zu **Silicea C 30** über, morgens und abends je eine Dosis. In diesen Fällen werden die Augenränder mit einem Baumwolläppchen gereinigt, in keinem Falle aber verwendet man irgendwelche äußeren Anwendungen oder Auflagen.

Blasenentzündung (Cystitis)

Zu einer Blasenentzündung kommt es meist infolge einer Erkältung. Rechtzeitig gegeben, kann **Rhus toxicodendron C 6** in zweistündigen Intervallen schnell Abhilfe schaffen, aber in den meisten Fällen bemerkt man sie erst, wenn sie weiter fortgeschritten ist.

Behandlung

Wir behandeln alle zwei Stunden mit **Apis D 3**, wenn die Katze häufig und unkontrolliert uriniert. Es kommen nur wenige Tropfen, die dazu noch blutig sein können.

Ein anderes Mittel ist **Cantharis D 4** oder **D 6**, ebenfalls alle zwei Stunden, wenn der Harndrang unerträglich wird. Der Urin geht laufend, oft blutig und unter starken Schmerzen ab.

Terebinthina C 3 halbstündlich ist indiziert bei blutigem Urin und in Fällen von Nierenentzündung nach akuter Erkältung.

Kastrierte Kater leiden manchmal an Harngrieß, der den langen Harnleiter blockiert, so daß das Wasserlassen Mühsal bereitet. Die geweitete Blase läßt sich als harter Ball im unteren hinteren Teil des Bauches ertasten. Sie fühlt sich warm an und ist berührempfindlich. Ganz deutlich leidet das Tier körperlich und seelisch, und der allgemeine Zustand verschlimmert sich sehr schnell. In diesen Fällen machen zwei bis drei Tropfen **Thlapsi-Bursa pastoris-Urtinktur** alle halbe Stunde den Gebrauch des Katheters meist überflüssig.

Bronchitis

Ein ziemlich verbreitetes Übel, das Katzen bei naßkaltem Wetter befallen kann. Meistens wird es von Halsentzündungen, Husten, Atembeschwerden, Fieber und tröpfelndem Speichelfluß begleitet. Das Tier liegt ohne den geringsten Appetit erschöpft da!

Behandlung
Alle vier Stunden eine Gabe **Aconitum C 30** kann in vielen Fällen eine akute Entzündung wirksam bekämpfen, wenn trockenes kaltes Wetter auslösend war. Zeigt sich innerhalb von zwölf Stunden keine Besserung, greifen wir zu einem anderen Mittel.

Hat feuchter Dunst die Attacke ausgelöst, gebe man alle zwei Stunden **Rhus toxicodendron C 6**. Ebenfalls alle zwei Stunden **Bryonia C 6**, wenn es ein trockener Husten ist, Bewegung verschlimmert oder das Tier sehr durstig ist. Es sollte in Räumen gleichbleibender Temperatur bei offenem Fenster aber frei von Durchzug gehalten werden.

Darmentzündung (Infektiöse Enteritis)

Dies ist eine sehr gefürchtete Krankheit mit enorm hoher Todesrate.

Sind Viren und Bakterien im Spiel, so ist die Ansteckungsgefahr sehr groß. Es erkranken fast nur Kätzchen, die weniger als ein Jahr alt sind, und zwar vorzugsweise nach einer Kaltwetterperiode.

Während der Inkubationszeit erhöht sich die Körpertemperatur ein wenig, aber außer einer gewissen Apathie lassen sich keine weiteren Symptome verzeichnen. In diesem Stadium, sofern es erkannt wird, kann man mit **Aconitum C 30**, ein bis zwei Tage lang morgens und abends verabreicht, eine weitere Krankheitsentwicklung im Keime ersticken. Aber leider erkennt man es eben nur sehr selten und im fortgeschrittenen Stadium breitet sich die Krankheit in übler Weise sprunghaft und unerbittlich aus, so daß die kleine Kreatur innerhalb weniger Stunden durch Abmagerung schnell alle Kräfte verloren hat. Die Körpertemperatur fällt unter Normalwerte, das Kätzchen versucht, etwas Wasser aufzunehmen, aber es scheint fast davor zurückzuschrecken; es sitzt am Trinknapf, und sobald es etwas geschlürft hat, fühlt es sich wieder elend. Erschöpft liegt es herum.

Das Erbrochene sieht anfangs aus wie geschlagenes Eiweiß, später wie Galle. Meistens stirbt das Kätzchen innerhalb von 48 Stunden.

Man versuche es mit **Phosphorus C 12** und **Bryonia album C 6** alle zwei Stunden im Wechsel und behalte diese Behandlung noch 24 Stunden, nachdem alle Krankheitszeichen verschwunden sind, bei. Sobald sich das Kätzchen erholt hat, gibt man als Abschlußbehandlung eine Dosis **Psorinum C 200**.

Wichtig ist es, die Behandlung am ersten Tage aufzunehmen; am zweiten schon kann das Übel so weit fortgeschritten sein, daß die Medikamente ihre Wirkung verfehlen.

Durchfall

Dies ist ein bei Katzen ziemlich verbreitetes Übel. Es kann einfach durch Verdauungsschwäche oder – besonders bei jungen Katzen – durch Würmer oder Zahnen bedingt sein. Es tritt auch als Begleitsymptom schwererer Erkrankungen auf, und sollte deshalb nie außer acht gelassen werden.

Alte Katzen leiden nicht selten an chronischem Durchfall unterschiedlicher Genese.

Behandlung

Sehr liebenswürdige Tiere, bei denen jeder Stuhl anders aussieht, reagieren auf **Pulsatilla C 5** (alle zwei Stunden eine Gabe) wie auf einen Zauberspruch.

Ein sehr unangenehmer, durchdringender Geruch, dabei kleine Mengen flüssiger, manchmal blutig-schleimiger Stuhl, sprechen für **Arsenicum album C 6** alle vier Stunden eine Gabe.
Die Katze ist sehr mitgenommen, ängstlich und unruhig und zeigt ein großes Verlangen nach Wärme. Zeigt sich innerhalb von 48 Stunden noch keine Besserung, ist dieses Medikament abzusetzen.

Ist der Kräfteverfall nicht ganz so eklatant, die Stühle sind größer und von Blutstreifen durchzogen, gebe man **Mercurius corrosivus C 6** alle vier Stunden.

Grauer oder weiß-gräulicher Stuhl spricht für **Phosphorus D 12** alle zwei Stunden.

Antimonium crudum C 6 (ebenfalls alle zwei Stunden) ist indiziert bei harten Brocken in wäßrigem Durchfall.

Podophyllum C 6 ist – in gleichen Abständen – bei gelblichen, stark wäßrigen Durchfällen von Nutzen.

Alle zwei bis vier Stunden **Chamomilla C 6** ist bei grünen, weiß-gelb zerstückelten Schleimfetzen indiziert.

Wenn die Darmentzündung bei feucht-kaltem Wetter auftritt, verabreichen wir alle zwei bis drei Stunden **Dulcamara C 6.**

Ekzem

Das Ekzem findet sich bei Katzen recht häufig. Es ist nicht ansteckend, sondern oft konstitutionsbedingt und äußerst hartnäkkig. In anderen Fällen sind einseitige Ernährung oder Würmer, Stoffwechselstörungen oder Allergien die Ursache. Das Krankheitsbild ist nicht immer gleich.

Wir unterscheiden zwei Typen von Ekzemen: Die trockene Erscheinungsform zeigt trockene, gereizte Haut, die juckt und brennt. Das Tier kratzt sich ständig und das Fell sieht leb- und glanzlos aus, mit ausfallenden Haaren und lauter kleinen Schuppen.

In manchen Fällen läßt sich diese Art von Ekzem allein schon durch eine veränderte Ernährung ausheilen. Hat der Patient vorzugsweise Fisch erhalten, könnte eine Umstellung auf Fleischkost die Lösung sein. Bei der oben beschriebenen Erscheinungsform ist häufig **Natrium muriaticum D 6** sehr hilfreich, besonders wenn Anzeichen einer Anämie mit im Spiele sind. Morgens und abends eine Dosis genügt.

Das gleiche gilt für **Arsenicum album C 6**.

Oder wir machen einen Versuch mit einer einzelnen Gabe **Arsenicum album C 30** oder **C 200**, Wiederholung frühestens nach einer Woche.

In Fällen schuppiger, auch nach dem Kratzen juckender und schmerzender Haut könnten wir mit diesem Mittel Erfolg haben, – zu dem erstgenannten (**Natrium muriaticum**) greifen wir eher bei schmutzig wirkender Haut, die etwas welk oder ausgetrocknet wirken kann.

Das nässende Ekzem mit geröteter und entzündeter Haut verlangt morgens und abends nach **Sulphur C 6**, solange der Zustand sich bessert. Sobald die meisten Symptome, – wie ständiges Wundlecken, Vermeiden von Wärme, das Tier fühlt sich heiß an und sieht hinfällig aus, – verschwunden sind, sollte eine einzige Gabe **Sulphur C 200** den Beschwerden ein Ende setzen. Die wunden Stellen behandelt man mit **Calendula-Salbe**.

Läßt sich das Ekzem auf Parasiten zurückführen, so schlage man unter dem Stichwort »Würmer« nach.

Erbrechen

Einfaches Erbrechen nach der Aufnahme von Gras, um Haare und ähnliche schädliche Stoffe loszuwerden, die den Magen und die Verdauung beeinträchtigen, ist normal und braucht nicht weiter behandelt zu werden.

Manche Katzen müssen sich bei ansonsten wenig gestörtem Allgemeinbefinden sehr oft übergeben. Wenn das kein Ende nimmt, werden ein paar Gaben **Ipecacuanha C 6** dreimal täglich bald Erleichterung verschaffen.

Es ist leicht, zwischen einfachem Erbrechen und einer Darmentzündung (infektiöser Enteritis) zu unterscheiden oder der Abart, die manchmal mit Katzenseuche einhergeht.

Einfacher Brechreiz hat im allgemeinen seine Ursache in einer Verdauungsstörung, und sobald die Attacke ausgestanden ist, behandeln wir wie bei der »Verdauungsschwäche« (s. S. 39).

Katzen, die zu Leber- und Magenbeschwerden neigen, tendieren besonders bei Wetterumschlägen zu Unwohlsein. Sie übergeben sich und zeigen abgemilderte Symptome eines Katarrhs, Lethargie und die Abneigung, sich zu bewegen. Sie haben keinen Durst und selten erhöhte Temperatur. Einige Gaben **Chelidonium majus C 6** in dreistündlichen Intervallen helfen hier sehr rasch. Das Tier sollte vor heftigen Temperaturschwankungen geschützt und im Warmen bleiben, bis die Symptome vorüber sind.

Natrium sulfuricum C 30 einmal täglich hilft bei Verschlimmerung während feucht-dunstiger Witterung.

Erkältungen

Katzen sind für ansteckende Erkältungskrankheiten sehr empfänglich. Wer mehr als eine Katze im Hause hat, sollte das erkältete Tier sofort isolieren.

Niesen, tränende Augen und laufende Nase gehören zum Krankheitsbild. Bei einer einfachen Erkältung tritt kaum einmal erhöhte Temperatur auf. Dennoch sollte das Tier im Hause bleiben, damit es zu keiner Bronchitis oder Lungenentzündung kommt.

Wenn man nicht im Frühstadium behandelt, verwandelt sich der Auswurf zu einem dickflüssigen Schleim und die Katze läuft Gefahr, chronisch zu erkranken, was dann noch schwerer auszukurieren ist.

Plötzliche Wetterumschläge sind meistens die Ursache von Erkältungen. Tritt Fieber hinzu, haben wir es mit einer Katzengrippe zu tun. Eine einfache Erkältung ist zwar nicht angenehm, kann aber auch nicht als ernsthafte Krankheit angesehen werden (bei der das Tier in der Regel den Appetit verliert).

Behandlung
Drei Gaben **Aconitum C 30** im Abstand von vier Stunden, wenn sich der Infekt nach einem plötzlichen Kälteeinbruch einstellte. Tritt keine Besserung ein und die wäßrigen Symptome sind sehr ausgeprägt, macht man einen Versuch mit **Kali Jod D 1** alle zwei Stunden im Wechsel mit **Belladonna D 4**.

Setzen die Beschwerden nach einer kalten, dunstigen Wetterperiode ein, und die Katze niest sehr häufig, so greifen wir dreimal täglich zu **Gelsemium C 6**. Es wird von Katzen ganz besonders gut aufgenommen.

Bei dickflüssigem, gelb-grünem Schleim ist **Mercurius solubilis C 6** dreimal täglich angeraten.

Flöhe

Im sommerlichen Gras oder von anderen befallenen Tieren, auf Mäuse- oder Vogeljagd fangen Katzen sehr leicht Flöhe ein. Manche Kätzchen scheinen sie geradezu anzuziehen.

Man kann das Fell mit einem guten Flohpuder einpudern, sollte sich aber vergewissern, daß es kein DDT enthält, das für Katzen sehr gefährlich ist. Das Tier wird nach Möglichkeit draußen eingepudert, und erst nach ein paar Minuten Einwirkungsdauer kann es sich ordentlich schütteln und wird anschließend ausgebürstet und gekämmt. Auch das Schlafquartier und andere Kuschelecken dürfen nicht vergessen werden. Man wiederholt die ganze Prozedur einmal pro Woche oder alle zehn Tage, bis das Haarkleid ganz gereinigt ist.

Innerlich leistet eine Gabe **Sulphur C 200** gute Dienste; einmal wöchentlich drei Wochen hintereinander. Flöhe sind Zwischenwirte für Bandwürmer, und man sollte sich bei Flohbefall vergewissern, daß die Katze frei davon ist.

Gelbsucht

Die Gelbsucht ist nur ab und zu bei der Katze zu beobachten, oft im Gefolge einer Erkältung und daneben aus ernsteren Gründen wie organischen Erkrankungen. Manchmal tritt sie auch als Begleiterscheinung der Katzenseuche auf.

Zu den Symptomen gehören mangelnder Appetit, hartnäckige Verstopfung und ein gestörtes Allgemeinbefinden, so daß das Tier sehr schnell abmagert. Die Schleimhäute verfärben sich gelblich. Obgleich nicht leicht zu ermitteln, läßt sich dies doch bei den meisten Katzen in der Mundhöhle, am Auge, in den Ohren und an den Stellen verifizieren, die nicht stark behaart sind. Der Urin ist stark gelblich, doch nur sehr knapp.

Der Patient erhält **Chelidonium majus C 6** alle zwei Stunden im Wechsel mit **Bryonia C 6**. Mit Erfolg läßt sich auch **Flor de Piedra D 4** bei Verdacht auf einen Leberschaden einsetzen. Die Dosierung erfolgt mit dreimal täglich einer Tablette. Er bekommt soviel Wasser, wie er trinken mag. Sollte er das Futter ablehnen, muß man ihn mehrmals täglich mit kleinen Mengen Fleischbrühe füttern. Eine Mischung aus Milch und Mineralwasser zu gleichen Teilen wird auch manchmal gut angenommen. Fett soll in jeglicher Form gemieden werden. Das Tier wird warm gehalten.

Hat es sich soweit erholt, gibt man zwei bis drei Tage morgens und abends eine Dosis **Sulphur C 30**, um die Genesung zu unterstützen.

Glatzflechte

Hierbei handelt es sich um eine Hautpilzerkrankung, die nicht nur von Katze zu Katze und außerdem auf andere Tiere leicht übertragbar ist, sondern auch auf den Menschen.

Man unterscheidet zwei Spielarten dieser Pilzflechte. Bei der einen lassen sich an Kopf, Ohren und Pfoten kreisrunde, rote, schorfige Stellen feststellen, die in der Mitte eine leichte Einsenkung aufweisen.

Die andere Variante nimmt ihren Ausgang an den gleichen Körperpartien, kann sich aber bei Nichtbehandlung überallhin ausdehnen.

Zunächst sind die Flecken klein, trocken, grau und borkig. Sie werden dann großflächig, das Haar wird brüchig, und es kommt zu Juckreiz.

Die große Schwierigkeit bei dieser Flechte ist, daß sie von Katzen übertragen werden kann, ohne daß diese irgendein Anzeichen der Ansteckung zeigen müssen. Sollte die Katze auf diese Weise von der Seuche verschont sein, wird man sie erst erkennen, wenn junge Kätzchen da sind, die ihrerseits nach ein paar Wochen sichtbar befallen sind.

Man behandelt wie bei der Räude (s. S. 34).

Angesichts der Tatsache, daß eine Katze als Überträger fungieren kann, ist es für den Fall eines Krankheitsausbruches notwendig, alle im Hause befindlichen Tiere zu baden.
Drei Bäder in wöchentlichen Abständen genügen meistens, um die Flechte völlig auszuheilen. Allerdings muß alles, womit die Katze in Berührung stand, mit einem Desinfektionsmittel ausgesprüht werden.

Beim Baden muß darauf geachtet werden, daß auch wirklich alle Hautpartien benäßt werden – nur in die Augen darf nichts gelangen.

Das Fell soll nicht mehr abgespült, sondern nur gut getrocknet werden. Wir sperren die Katze in ein warmes Zimmer, bis sie völlig trocken ist. Bevor sie in ihr isoliertes Quartier zurückkehrt, das sie drei Wochen lang quarantänemäßig hüten muß, erhält sie ein warmes Getränk oder eine warme Mahlzeit.

Das »Seuchenquartier« kann während des Badens ausgesprüht werden, aber man sollte sich vergewissern, daß alle Dämpfe abgezogen sind und das Spray trocken geworden ist, bevor die Katze in ihre Isolation zurückkehrt. Es ist auch ratsam, während des Sprühens Mund und Nase mit einem Taschentuch zu bedecken, falls die Lösung sehr scharf ist.

Innerlich wird nach jedem Bad eine Gabe **Sulphur C 200** gegeben.

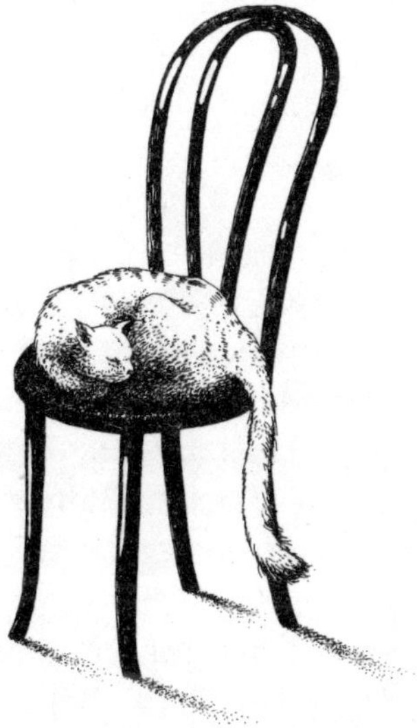

Haarballen

Da Katzen sich mit der Zunge putzen, tut man gerade um die Zeit des Haarens oder bei besonders langhaarigen Tieren gut daran, sie regelmäßig zu bürsten, um die abgestoßenen Haare zu entfernen. Auch solche mit kurzem Fell benötigen diese Aufmerksamkeit, wenn sie mitten in dieser Periode sind, sonst gelangt etwas von dem Pelz in den Magen-Darm-Bereich und formt sich dort zu einem Ballen.

Im allgemeinen knabbern Katzen, die ihre Freiheit genießen können, draußen am frischen Gras und erbrechen das verschluckte Haar, bevor es in den Darm gelangen kann. Wenn man nicht dafür sorgt, daß sie an Grashalme gelangen kann, gibt die Katze ihr Futter wieder von sich.

Erhält das Tier während des Haarwechsels einmal pro Woche teelöffelweise etwas flüssiges **Paraffin** oder **Olivenöl**, so ist der Bildung dieser Haarpfröpfchen bestens vorgesorgt. Sollten trotzdem Haarballen den Darm verstopfen, gibt man größere Gaben Öl morgens und abends, bis der Pfropf ausgeschieden oder -gespuckt ist. Eine gelegentliche Gabe **Sulphur C 30** hilft über diese Zeit hinweg.

Husten

Daß Katzen so leicht Husten bekommen, liegt wohl an ihrer Gewohnheit, die wärmsten Plätzchen zu belegen und anschließend im Freien etwa auf einer Mauer hockend die Gegend zu inspizieren. Grundsätzlich ist ein Husten keine Krankheit, obgleich es ratsam erscheint, das Tier im Haus zu halten – es könnte sich ja doch etwas Ernsthafteres daraus ergeben.

Ein trockener Husten wird sich mit ein paar Gaben **Bryonia C 6** in zweistündlichen Intervallen lösen. Bei krampfartigem Husten wählen wir **Arsenicum album C 6** dreimal täglich.

Manche Katzen husten, weil sie Würmer haben. In diesen Fällen ist **Cina C 3** alle vier Stunden indiziert.

Kastration

Kater sollten, wenn sie als Haustiere gehalten werden, kastriert werden, weil sie doch fast immer einen sehr unangenehmen Geruch versprühen. Sie sind auch nicht so häuslich, streunen auf der Suche nach Weibchen herum und lassen sich in nächtliche Kämpfe ein.

Die Operation, die von einem guten Tierarzt in voller Narkose vorgenommen wird, ist nicht weiter kompliziert und kann zu jeder Zeit, sobald der Patient drei Monate alt ist, am besten aber nach der Geschlechtsreife erfolgen. Vor diesem Alter haben sich die Testikel noch nicht gesenkt und eine Operation wäre nicht durchführbar. Auch nachdem er zur Züchtung herangezogen wurde, kann ein Kater kastriert werden und sich zu einem anhänglichen Haustier entwickeln.

Nach Erreichen des sechsten Lebensmonats ist der Eingriff ohne Narkose strafbar.

Es ist ratsam, mit der Operation zu warten, bis die Keimdrüsen voll entwickelt sind, da sich die männliche Erscheinung, die Figur und das Temperament nur selten entwickeln, wenn die Kastration zu früh vorgenommen wurde.

Es kommt kaum einmal zu Komplikationen nach dem Eingriff. Der Patient sollte einige Tage lang Ruhe und Wärme haben. Ein paar Gaben **Arnica montana C 6** helfen, den Operationsschock zu überwinden und den Heilungsprozeß voranzutreiben.
Weibliche Katzen werden sterilisiert, s. unter dem Stichwort »Sterilisation«.

Katarrh (Chron. Schleimhautentzündung)

Eine einfache Erkältung oder eine Attacke der bekannten Katzengrippe kann der Auslöser sein. Der Katzenkatarrh ist sehr hartnäckig, die Nase trieft ohne Unterlaß, das Tier niest und bringt dabei eitrigen Schleim heraus. Wenn sich dieser Zustand nicht, wie gelegentlich möglich, von selbst wieder bessert, ist eine Behandlung unumgänglich.

Behandlung

1) Wenn die Katze scheu und wenig anschmiegsam ist, sich in warmen Räumen Verschlechterung einstellt, wirkt eine Gabe **Pulsatilla C 30** alle zwei bis drei Tage nach wenigen Wochen meist klärend.

2) Bei Verschlechterung in kalt-trockenem Wind, Besserung dagegen in Wärme geben wir in gleichen zeitlichen Intervallen wie genannt **Hepar sulfuris C 30**, wieder ein paar Wochen lang.

3) Wenn die beiden erstgenannten Mittel keine Abhilfe schaffen, verabreichen wir im gleichen Modus **Silicea C 30**. Einem Silicea-Patienten fehlt es an Lebenskraft, er leidet an Unterkühlung und hält sich nach Möglichkeit an der Heizung auf.

4) In manchen Fällen lassen sich folgende Symptome beobachten: die Nase ist verstopft, die Lidränder sind gerötet, der Patient hat Beschwerden mit den Augen und einen scharfen Auswurf. Hilfreich wirkt eine Gabe **Psorinum C 200**.

Sind zu viel verschiedene Mittel ohne nennenswerte Besserung gegeben worden, so stellt sich mit **Teucrium marum C 6**, dreimal täglich, bald die vollständige Ausheilung ein.

Katzenseuche

Eine sehr ansteckende Krankheit, die unterschiedliche Erscheinungsbilder aufweist und schwierig zu diagnostizieren ist, in jedem Falle aber von einem abrupten Temperaturanstieg begleitet wird. Das Fieber zeigt auch an, ob es sich um eine ernsthafte Entzündung oder einen gewöhnlichen Schnupfen handelt.

Man hält heute den durch Viren oder Bakterien infektiösen Darmkatarrh (Enteritis) für etwas grundsätzlich anderes als die Katzenseuche; dennoch ist es vor allem bei jungen Kätzchen nicht ungewöhnlich, daß sie die Symptome einer Sekundärinfektion neben den Symptomen einer infektiösen Darmentzündung (Enteritis) aufweisen. Zur Information über Behandlungsmöglichkeiten schlage man unter dem entsprechenden Stichwort nach.

Häufig wird die Katzenseuche in ihrem Anfangsstadium gar nicht erkannt, da es zu keinem augenfälligen Krankheitsbild kommt, - außer Mattigkeit, schnellem Gewichtsverlust und Fieber von 40–41 °C. Das Tierchen liegt nur entkräftet herum, möchte in Ruhe gelassen werden und mag sich nicht bewegen. Alle Körperfunktionen scheinen stillzustehen und innerhalb weniger Tage bietet die Katze ein Bild des Jammers.

Behandlung

Wir füttern zweimal täglich rohes Fleisch (etwa 30 - 60 gr für ein erwachsenes Tier). Es wird kleingeschnitten und in den Fangwinkel geschoben. Junge Tiere erhalten besser fein zerkleinertes rohes Fleisch. Ich persönlich habe herausgefunden, daß sie es leicht aufnehmen, wenn man die Bröckchen mit einem Holzspan seitlich in den Mundwinkel drückt. Das klappt, auch wenn sie zu schwach oder zu träge sind, die Bemühungen zu unterstützen, obgleich sie anfangs durchweg keinerlei Mithilfe leisten.

Außer der erwähnten Apathie und einer Abneigung, warm gehalten zu werden, ist das Krankheitsbild kaum gekennzeichnet, so daß seine Unterscheidung auch dem Fachmann oft schwerfällt. Solange die Temperatur im Steigen ist, verabreiche man **Sulphur C 30**.

Die Seuche beginnt ganz ähnlich wie eine gewöhnliche Erkältung, aber sie geht mit einem Temperaturanstieg von mehreren Grad Celsius einher. Die Katze mag nicht futtern, erscheint teilnahmslos und fröstelnd, gibt beim Niesen einen wäßrigen Auswurf von sich, und auch die Augen tränen. Das Tier ist nicht durstig. Bei diesen Symptomen greifen wir in vierstündlichen Intervallen zu **Gelsemium C 30**. Die Attacke erfolgt häufig nach kaltdunstigem Wetter. Sollten die gleichen Symptome nach kaltem, trockenem Wetter auftreten und schon im Frühstadium erkannt werden, könnte mit **Aconitum C 30** schnelle Abhilfe geschaffen werden. Die Dosierung ist alle vier Stunden eine Gabe - doch zeigt sich nach spätestens 24 Stunden keine Besserung, setzt man das Medikament ab und greift zu **Belladonna C 30** (ebenfalls alle vier Stunden). Da eine Katze kein übertrieben nervöser Wichtigtuer ist und es vorzieht, sich zurückzuziehen, wenn sie sich krank fühlt, wird das erste Krankheitsstadium sehr leicht übersehen und erst das nächste (Belladonna-) Stadium bemerkt, wo sich die Augen entzünden können und wo sie generell ganz empfindlich auf Licht reagiert.

Wird auch in diesem Stadium nicht behandelt, und die Atmung erscheint erschwert, die Temperatur bleibt konstant erhöht und das Tier scheut die Bewegung, hat einen trockenen Husten, trinkt kaltes Wasser, lehnt aber immer noch das Futter ab, so verabreichen wir **Bryonia C 6** in zweistündlichem Wechsel mit **Phosphorus C 12**. Bei Besserung seltenere Gaben.

Wenn der Patient sehr hinfällig und dennoch unruhig ist, in kleinen Schlucken kaltes Wasser schlürft, an heftigen Durchfällen mit kleinen, dunklen oder ruhrartigen Stühlen leidet, - die Zunge ist rot und trocken und alle Absonderungen stinken mehr als unangenehm - dann ist die Stunde für **Arsenicum album C 30** gekommen. Ein zeitliches Signal mag hier hilfreich sein: nämlich Verschlechterung nach Mitternacht oder zwischen Mittag und 14.00 Uhr. Wir geben alle vier Stunden eine Dosis, insgesamt aber nur dreimal.

In ähnlicher Weise ist »Verschlechterung bei Dämmerung« eine Indikation für **Phosphorus.** (Dieses sehr stark ausgeprägte Symptom brachte mich einst auf das Medikament und somit in die Lage, einer schwerkranken Katze helfen zu können.)

Noch eine weitere Form der Katzenseuche ist zu erwähnen, die der zuletzt geschilderten sehr ähnelt, nur ist der Atem sehr übelriechend und die Zunge erscheint trocken und bräunlich, wie verbrannt, ist nur an den Rändern rot und glänzend. Das Tier ist extrem hinfällig und macht einen miserablen Eindruck. In diesem Stadium greifen wir jede Stunde zu **Baptisia D 3**.

In Krankheitsfällen wie den beiden zuletzt geschilderten ist der Patient kaum in der Lage, feste Nahrung aufzunehmen. Man kann eine Nährlösung wie Honigwasser oder in Wasser gelösten Traubenzucker in kleinsten Mengen, alle zwei bis drei Stunden je nach Größe der Katze einen Teelöffel oder einen Dessertlöffel voll in den Mundwinkel geben. Dabei benutzt man am günstigsten eine Spritze zur subkutanen Injektion, von der die Nadel entfernt wurde. Das bringt wenig Umstände für die Katze und den, der sie versorgt. Auch ein Teelöffel Orangensaft scheint manchmal akzeptabel.

Ich habe mit einer einzigen Gabe **Pyrogenium C 30** sehr junge Kätzchen retten können, die dieser Art von Viruserkrankung sehr wenig entgegenzusetzen haben. Diese Kätzchen waren wirklich dem Tode geweiht, unterkühlt, mit einer weit unter normalen Werten liegenden Körpertemperatur und hartnäckiger Verstopfung. Aber das Mittel wirkt Wunder. Zum Krankheitsbild gehört in diesem Falle, daß der Puls nicht mehr im richtigen Verhältnis zur Temperatur steht, und daß das Tier förmlich nach Tod riecht.

Bei der Erscheinungsform, die mit einer Halsentzündung einhergeht, tropft Speichel aus dem Mund, und die Katze ist sehr deprimiert, - eine stark verbreitete Form übrigens. Da die Katze von Natur aus ein reinliches Tier ist, verabscheut sie die mißliche Situation, in der sie steckt. Die Kehle ist dunkelrot bis bläulich, die Atmung geht meist erschwert und mit trockenem Husten einher. Wärme und Ruhe bringen Besserung; die Nacht bringt im allgemeinen Verschlimmerung. **Phytolacca C 30** alle vier Stunden wird hier Abhilfe schaffen.

Beschwerden der Augen und chronische Schleimhautentzündung (Katarrh) sind an anderer Stelle unter ihrem Stichwort ausführlicher besprochen.

Knochenbruch

Ein Knochenbruch durch einen Unfall oder eine Verletzung durch eine Falle beim Jagen muß so schnell als möglich versorgt werden. Insbesondere eine Fraktur sollte unverzüglich vom Tierarzt gerichtet werden. **Arnica montana C 6,** alle zwei bis drei Stunden gegeben, wird helfen, den Schock zu überwinden. Später verordnet man dreimal täglich **Symphytum D 1** zur Verschweißung beider Knochenenden. Dieses ausgezeichnete Mittel wird den Heilungsprozeß abkürzen.

Manche Katzen von schwachem, rachitischem Körperbau neigen zu Knochenbrüchen. Der Knochenaufbau läßt sich mit **Silicea C 6** in vierstündlichen Intervallen etwas stärken. Sind keine rachitischen Symptome offenkundig, ist eine Versorgung mit **Calcium phosphoricum C 6** dreimal täglich von Nutzen.

Gute Resultate zeigt auch eine Behandlung von **Silicea C 6** und **Calcium phosphoricum C 6** in dreistündlichem Wechsel, wo Störungen im Knochenaufbau vorliegen. Ein Zusatz von Knochenmehl zum Futter unterstützt einen gesunden Kalkhaushalt.

Lähmungen

Ist die Lähmung Folge einer Rückgratverletzung, so ist es das Beste, die Katze schmerzlos einzuschläfern.

Eine vorübergehende Lähmung der Hinterbeine läßt sich meist auf hartnäckige Verstopfung zurückführen. Es ist ratsam, die Ernährung umzustellen. Bei vielen Katzen wirkt Milch wie ein mildes Abführmittel und kann deshalb reichlich zur Verfügung gestellt werden. Man reicht Fisch und, wenn es aufgenommen wird, grünes Gemüse mit ein wenig Olivenöl. Fleisch wird mit Ausnahme von Leber gemieden. Leber gehört zur Lieblingsspeise von Katzen und wirkt sich günstig auf die Verdauung aus.

Nux vomica C 6 dreimal täglich wird die Verstopfung und den Druck auf die Nerven lösen und zugleich die Verdauung in Schwung bringen. Notfalls wird ein Einlauf erforderlich.

Eine Art Pseudo-Lähmung ist bei Ohrgeschwüren nicht ungewöhnlich (s. unter entsprechendem Stichwort).

Läuse

Läuse werden im Heu oder Stroh, im Gras oder von anderen befallenen Tieren aufgefangen. Sie sind sehr klein, von weiß-gräulicher Farbe und sehen wie Kopfschuppen aus. Sie vermehren sich mit enormer Geschwindigkeit. Die Eier (Nissen) kleben im Haar fest. Die befallene Katze kratzt sich unaufhörlich, wenn nicht Einhalt geboten wird (s. die Behandlung der Flohplage auf Seite 18).

Wenn die Katze viel Auslauf in ländlicher Umgebung hat oder auf Jagd herumstreunt oder eine Veranlagung zu Parasitenbefall zeigt, so ist es angeraten, das Fell in regelmäßigen Zeitabständen als Präventivmaßnahme einzupudern.

Launen

Stimmungsschwankungen sind für Katzen durchaus nicht an der Tagesordnung, höchstens junge Kätzchen von vier bis sechs Monaten geraten während des Zahnwechsels leicht aus dem seelischen Gleichgewicht, und plötzliche Veränderungen beim Füttern oder in der gewohnten Umgebung sind in dieser Zeit u. U. Auslöser nervöser Krämpfe. Sie können allerdings auch von Würmern herrühren.

Das Kätzchen fällt womöglich plötzlich zur Seite um, mauzt und streicht umher und bildet Schaum am Maul. Vorübergehend kann es ziemlich unbedacht sein und sollte behutsam und umsichtig umsorgt werden, sonst beißt es womöglich. Wenn irgend möglich, und besonders wenn es nicht übermäßig erregbar oder wenn es an einem Platz ist, wo es sich nicht verletzen oder entwischen kann, sollte man das Tierchen lassen, wo es ist, bis es sich völlig beruhigt hat. Man kann seinen Bewegungsspielraum auch auf einen abgedunkelten ruhigen Raum beschränken.

Sobald sich die Gemüter wieder beruhigt haben, gibt man für einige Tage alle zwei Stunden **Chamomilla C 6** oder **C 30**, macht dann eine Pause und wiederholt die Behandlung, falls die Störungen wieder auftauchen sollten.

Das Futter sollte in dieser Zeit leicht verdaulich und die Umgebung von ruhiger, gelöster Atmosphäre sein. Es ist nicht ratsam, das Tier zum Spielen anzuregen, damit es sich nicht wieder übermäßig aufregt.

Lungenentzündung

Nach einer fieberhaften Erkältung mit Schüttelfrost oder im Verlauf der Katzenseuche, besonders wenn der anfängliche Temperaturanstieg nicht bemerkt wurde, kann es zur Lungenentzündung kommen.

Zu den Symptomen gehören die beschleunigte Atmung, eine steile Fieberkurve, und manchmal ein leichter Husten, der aber auch fehlen kann. Der Patient rührt sich kaum vom Fleck, hat nicht den geringsten Appetit und zeigt höchstens etwas Durst.

Im Anfangsstadium gibt man in stündlichen Intervallen **Aconitum C 30**, insgesamt aber nur dreimal. Dadurch kann das Übel noch schnell abgewendet werden. Hat sich innerhalb von zwölf Stunden noch keine Besserung gezeigt, so greift man alle zwei Stunden im Wechsel zu **Bryonia C 4** und **Phosphorus C 6**.

Die Katze soll es warm haben und trotzdem an der frischen Luft - nicht im Zugwind - sein. Wir lassen sie soviel wie möglich in Ruhe. Wasser wird sie gerne trinken, eventuell auch Milch.

Nicht zum Fressen zwingen, wenn sie ca. zwei Tage lang nicht mag.

Eine Lungenentzündung reagiert auf homöopathische Mittel sehr schön. Auch die körpereigenen Abwehrkräfte gegen die Erkrankung werden durch sie nicht geschwächt.

Nierenentzündung

Nierenbeschwerden können infolge einer Unterkühlung auftreten, und unter diesen Umständen behandelt man wie bei der Blasenentzündung (s. S. 12).

In Fällen von Tuberkulose sind die Nieren auch betroffen, aber hierbei ist es schon stark angeraten, das Tier einschläfern zu lassen.

Eine **Nephritis** ist gekennzeichnet durch großen Durst, vermehrte Ausscheidung von wasserklarem Urin und manchmal auch Blut im Urin. Das Tier ist apathisch und lustlos, äußerst wärmebedürftig, irgendwie ängstlich und bedürftig. Der Appetit kann gedrosselt sein.

Der akuten Attacke nach einer Unterkühlung kann man mit **Aconitum C 30** begegnen, vorausgesetzt, man erkennt sie frühzeitig. Sollte der Zustand sich allerdings als chronisch erweisen, was bei älteren Katzen nicht ungewöhnlich ist, scheint es besser, das Tier endgültig von seinem Leiden zu erlösen. Dies gilt auch für junge Tiere mit Veranlagung zu T.B.

Ein zweites großes Mittel ist **Arsenicum album C 30**. Man verabreicht zunächst nur eine Dosis und wiederholt erst, falls die Symptome wiedererscheinen sollten: Abmagerung, trockene Haut, allgemeiner Kräfteverfall.

Ohrgeschwür

Katzen sind anfällig für zwei Arten von Geschwür. Die geläufigere Form ist ein regelrechtes Ekzem, die andere läßt sich auf Parasiten zurückführen.

In jedem Falle schüttelt die Katze unaufhörlich den Kopf und kratzt **hinter** dem Ohr. Oft entsteht dabei eine kahle Stelle; diese Entzündung heilt aber schnell, wenn man sie versorgt.

Das Ohr selbst wird heiß und weist dunkle wachsartige Absonderungen auf.

Behandlung

Das Ohr wird sorgfältig und vorsichtig mit Wattestäbchen gereinigt. Jedesmal ein frisches Stäbchen nehmen! Dann wird ein wenig **Calendula-Salbe** aufgetragen. Diese Prozedur wiederholen wir täglich, bis die Ohren völlig geheilt sind.

Bei Parasitenbefall verfahren wir auf gleiche Weise, – doch Vorsicht, sie verbreiten sich sehr leicht. Die Absonderungen sind hier trockener und von gräulicher Farbe. Die umherkrabbelnden Milben lassen sich leicht mit bloßem Auge erkennen. Besonders diese Form von Geschwür erzeugt zuweilen eine Form von Lähmung: Die Katze hält den Kopf schief, bewegt sich, als sei sie berauscht und fällt nach ein paar Schritten auf die Seite.

In beiden Fällen verabreicht man innerlich eine Dosis **Sulphur C 200**. Hat sich der Zustand in einer Woche noch nicht wesentlich gebessert, kann man die Behandlung wiederholen.

Manchmal erscheinen im Ohr auch sehr unangenehme, scharfe und verdickte Absonderungen. Dann ist **Tellurium C 30** das Mittel der Wahl, – eine Gabe alle zwei bis drei Tage und das über einen längeren Zeitraum hinweg. Eine Katze, die **Tellurium** braucht, zeigt für gewöhnlich Symptome an der Haut ebenso wie Entzündungen am Ohr und ist besonders schwierig zu verarzten, da sie sehr empfindlich ist und Berührungen scheut.

Rachitis

Die Knochenweiche gefährdet vor allem Jungtiere. Knochen und Gelenke bleiben weich und schwach und biegsam. In schlimmen Fällen läuft das Kätzchen mehr auf den Fußwurzelknochen, statt auf den Zehen. Jedenfalls hat es Schwierigkeiten beim Laufen, eine unvorteilhafte, deformierte Erscheinung und trockenes, struppiges Fell. Es scheut die Bewegung, anstatt zu spielen wie normal entwickelte Kätzchen.

Diese Störung im Knochenaufbau soll erblich sein, obgleich auch eine unzureichende Ernährung des Muttertieres vor dem Werfen mit schuld sein kann. Zur Stabilisierung des Skelettsystems läßt sich das Knochenmittel **Bikomplex Nr. 13** (Fa. Iso-Werke, Regensburg) einsetzen, von welchem 3–4mal täglich 1–2 Tabletten für die Dauer von mehreren Wochen bis zur Besserung verabreicht werden.

Mit der richtigen Ernährung läßt sich viel erreichen. Frische Milch (vorzugsweise Ziegenmilch), Kaninchenfleisch, Fisch, wenig rohes Fleisch und Quark sind dringend notwendig, daneben etwas Knochenmehl.

Das Tier muß angeregt werden, sich an Sonne, Licht und frischer Luft zu bewegen. Wer für es verantwortlich ist, sollte viel mit ihm spielen. Wenn es einen trockenen, warmen Wohnplatz hat und so oft als möglich im Freien herumspielt, wird es sich bald in nichts mehr von seinen Altersgenossen unterscheiden.

Einer Katze, die kalt, unter Normalgröße und dünn ist und einen hilflosen Eindruck macht, geben wir eine Dosis **Silicea C 200**. Dies wird sie buchstäblich zum Leben erwecken. Falls nötig, wiederholt man die Behandlung noch drei Mal (einmal pro Woche), aber meistens reicht schon eine Dosis.

An jede Mahlzeit mischen wir außerdem **Calcium phosphoricum D 3**.

Das schwergewichtige, träge, kopflastige Kätzchen braucht alle zwei bis drei Tage eine Gabe **Calcium carbonicum C 30**, und zwar über einen Zeitraum von zwei bis drei Wochen hinweg.

Sollte eine unzureichende Versorgung des Muttertieres schuld an dieser Verfassung sein, so muß man bei der nächsten Schwangerschaft ganz besonders auf das Futter achten, eventuell Lebertran, Knochenmehl und Hefepräparate zusetzen.

Räude

Eine früher recht häufige Plage, die vorübergehend auch auf den Menschen übertragbar ist. Sie erscheint zuerst am Kopf, um die Augen, auf Stirn und Ohren und geht dann auf den Hals und andere Körperteile über. Der intensive Juckreiz verschlimmert sich bei Wärme noch. (Er hilft allerdings, diese Plage von der Scherpilz- oder Glatzflechte zu unterscheiden). Die Katze kommt allgemein sehr herunter.

Hat sich ein Tier angesteckt, so sollte es unbedingt isoliert werden. Lager, Bürsten und Kämme müssen desinfiziert werden, sonst kommt es zu einem Neubefall.

Zur Behandlung badet man die Katze einmal pro Woche (insgesamt dreimal) in 60 gr schwefelhaltiger Pottasche auf 5 l Wasser. Sind noch weitere Tiere im Haus, badet man sie vorsichtshalber alle, auch wenn noch keine Anzeichen für die Katzenräude zu sehen sind. Die zur täglichen Pflege verwendeten Gegenstände können im gleichen Wasser gespült werden.

Man halte die Katze im Warmen, bis sie einigermaßen trocken ist. Dann wird jeder ihrer Lagerplätze mit einem im Fachhandel erhältlichen Desinfektionsmittel besprüht. Die Katze erst an ihre Ruheplätze zurücklassen, wenn das Desinfektionsmittel getrocknet ist.

Mit einer Gabe **Sulphur C 30** nach jedem Bad gibt man den Anstoß zur Gesundung der Haut. Die Kontaktpersonen müssen natürlich Vorsichtsmaßnahmen gegen eine Übertragung treffen. Sie sollten sich die Hände mit einem desinfizierenden Mittel waschen und Kleidungsstücke, auf denen die Katze sich eventuell niedergelassen hat, damit besprühen.

Rheumatismus

Rheuma kommt bei den Katzen nicht oft vor. Im allgemeinen verschaffen wenige Gaben **Rhus toxicodendron C 30** im Wechsel mit **Bryonia album C 30** schon Erleichterung.

In einem meiner Fälle, der auf die erwähnten Mittel nicht reagierte, hatte die Katze an einem feuchten Ort außer Haus gelebt, und das Leiden schien auf ihr Hinterteil beschränkt. Tagelang bewegte sie sich wie verkrüppelt und war nicht fähig, die Hinterbeine zu strecken. In der Annahme, dies könne eine Art von Gicht sein, wurde **Urtica urens D 1** verordnet, und zwar alle acht Stunden fünf Tropfen auf 1/4 Tasse Wasser. Dies brachte schnelle Hilfe.

Schuppen und Schorf

Dies ist eine Form von Ekzem. Die Katze hat trockene Haut und manchmal überreichlich Schuppen.

Sie ist in schlechter Verfassung. Regelmäßige Pflege und eine Umstellung des Futters sind hilfreich. Es kann sich um eine Störung im Stoffwechsel, aber auch um Würmer handeln.

Da die Haut auch bei der Flechte abschilfert, sollte man sich vergewissern, ob es sich wirklich nur um einen allgemeinen Schwächezustand handelt und nicht um das Anfangsstadium einer Hautkrankheit.

Die körperliche Verfassung wird sich mit **Sulphur C 6** morgens und abends innerhalb weniger Wochen bessern.

Hat man Würmer als Krankheitserreger in Verdacht, ist mit **Natrium muriaticum C 6** viel geholfen.

Sterilisation

Die Eierstöcke lassen sich in jedem Alter entfernen. Meistens macht man es, wenn man sich die Katze als besonders anhängliches Haustier wünscht. Außerdem ist man zu dieser Operation gezwungen, wenn sie die Veranlagung zu Schwierigkeiten bei der Geburt zeigt.

Es handelt sich schon um eine etwas größere Operation. Das Tier wird warm gehalten und ca. eine Woche lang, nachdem sie ins häusliche Milieu zurückgekehrt ist, sorgfältig beobachtet. Dann werden die Fäden gezogen.

Am Tag vor der Operation beginnen wir, zwei bis drei Mal täglich **Arnica C 6** zu geben. Das wird ein paar Tage lang so beibehalten. Auf die Narbe können wir etwas verdünnte **Calendula-Tinktur** (zehn Tropfen auf ein großes Glas Wasser) tupfen, um den Heilungsprozeß zu beschleunigen.

Tuberkulose

Diese Krankheit ist sehr ansteckend. Das Risiko, eine T.B.-erkrankte Katze in der Nähe von Kindern herumlaufen zu lassen, sollte man nicht eingehen.

Ist es einmal zu einer Infektion gekommen, so ist die Katze deutlich sichtbar krank, verliert an Gewicht, leidet ständig an Durchfall, Husten oder stets erhöhter Temperatur. Das Thermometer mag unterschiedliche Werte zeigen, liegen sie jedoch permanent über 39 °C, so wird das als ein verhängnisvolles Zeichen gedeutet.

Die Krankheit kann fast jedes Organ befallen. Oft sind die Augen betroffen. In einem voll zum Ausbruch gekommenen Fall ist es besser, das Tier sofort einschläfern zu lassen.

Es ist wahrscheinlich, daß viele Katzen, die eine etwas mickrige Erscheinung darstellen, eine verborgene Ansteckung oder Anlage zu T.B. in sich tragen. Solange die Krankheit noch nicht zum Ausbruch gekommen ist, kann eine kurmäßige Behandlung mit **Bacillinum C 30**, eine Gabe pro Woche, ihren Fortschritt innerhalb weniger Wochen stoppen und eine Reaktion herbeiführen, die in jedem Falle zu einer Besserung führt.

Fleisch, das für menschlichen Verzehr ungeeignet ist, sollte an Katzen niemals roh verfüttert werden. Es scheint, daß heutzutage besonders auch Vögel die Tuberkulose auf unsere Hausgenossen übertragen.

Tumoren

Besonders bei älteren Katzen kommen Tumoren oder Geschwülste vor. Die tierärztliche Untersuchung wird feststellen, ob es sich um ein gutartiges oder ein gefährliches Geschwulst handelt. Das erstere verursacht wenig Sorgen, das zweite dagegen wuchert unter starken Schmerzen und unter Absonderung von blutigem Eiter.

Das Tier magert sehr schnell ab. Tumoren können sich an allen Körperstellen entwickeln.

Bei bösartigen und schmerzreichen Wucherungen ist es eine Wohltat für das erkrankte Tier, wenn es schmerzlos eingeschläfert wird.

Die harmlosen Tumoren im Gesäuge von Muttertieren sind mit **Phytolacca C 30** sehr gut in den Griff zu bekommen. Man gibt das Medikament ein paar Tage lang morgens und abends.

Die Unterscheidung zwischen einem Tumor und einem Abszeß ist nicht schwierig: der Abszeß schmerzt bei Berührung, auch wenn er sich hart anfühlt. Er erscheint unvermittelt und entwikkelt sich rasch, wohingegen ein gutartiger Tumor langsam wächst. Außerdem ist ein Abszeß bei einer Katze fast immer von einem Temperaturanstieg begleitet.

Verbrennungen

Dann und wann kann es passieren, daß die ihr eigene, nicht enden wollende Neugier eine Katze dazu treibt, an einen ungeeigneten Platz zu springen, wo sie sich Verbrennungen oder Verbrühungen zuzieht. Von solch einem Unfall trägt sie nicht nur eine Brandwunde, sondern auch einen schweren inneren Schock davon.

Behandlung

Wenn die Verbrennung nicht allzu ernsthaft ist, umwickelt man die verwundete Stelle schnell mit einem großen angewärmten Baumwolltuch und verabreicht innerlich **Urtica urens C 30**. Nach zwei bis vier Stunden kann man, vorausgesetzt, das Tier zeigt wieder Anzeichen für Schmerz, die Behandlung wiederholen.

In schwereren Fällen verwenden wir **Urtica urens** als Urtinktur (20 Tropfen auf eine große Tasse Wasser oder einen Teelöffel voll auf einen halben Liter Wasser). Wir tränken ein Baumwollfleckchen oder einen Gazetupfer damit, legen ein Baumwolltuch darauf und umwickeln das Ganze mit einem Verband. Das Baumwolltuch wird abgenommen, sobald es sich trocken anfühlt. Wir geben erneut ein paar Tropfen der verdünnten Urtinktur auf den Gaze- oder Baumwolltupfer, ohne ihn zu entfernen. **Urtica urens** wird die Schmerzen sehr schnell lindern.

Verdauungsschwäche

Besonders Katzen, die nicht am Gesäuge der Mutter groß wurden und bei der Aufzucht eventuell überfüttert wurden, leiden gelegentlich an Verdauungsschwäche.

Zu den Symptomen gehören gelegentliche Übelkeit mit Erbrechen und manchmal Durchfall oder Verstopfung. Obgleich die Katze mit gutem Appetit gefressen hat, bricht sie später eventuell alles wieder hinaus.

Sollte das Übel durch fettes, reichhaltiges Futter ausgelöst worden sein, so ist **Pulsatilla C 6** das Mittel. Alle drei Stunden gegeben, wird es besonders bei Durchfall helfen, mit »nicht zwei gleichen Entleerungen«.

In anderen Fällen wird **Carbo vegetabilis D 4** und **Nux Vomica D 6** eine oder zwei Wochen lang nach den Mahlzeiten gegeben, um die Verdauungsorgane zu stärken.

Verstopfung

Katzen mit einer natürlichen Lebensweise haben selten unter Verstopfung zu leiden; aber es kommt vor. Wird da nicht Abhilfe geschaffen, so kann es schlimmstenfalls zu einer vorübergehenden Lähmung der Hinterbeine kommen.

Sehr oft reicht schon etwas Milch, die bei vielen Katzen wie ein Abführmittel wirkt. Wenn das nicht genügen sollte, greife man alle zwei Stunden zu **Nux vomica C 6** oder bei zu großen, harten und trockenen Stühlen zu **Bryonia album C 6**, ebenfalls zweistündlich. Einmal täglich eine Gabe **Opium C 30** ist indiziert, wenn der Stuhl in harten, kleinen Stücken ausgeschieden wird oder gar eine Darmlähmung vorliegt.

Falls es die Katze gut aufnimmt, geben wir etwas Olivenöl ins Fressen oder mit dem Teelöffel direkt ins Maul. Ein- bis zweimal täglich wirkt dies oft Wunder oder macht es möglich, daß ein Haarball ausgeschieden wird, der die Ursache des Übels war.

Würgen

Fischgräten oder Knochensplitter können sich in den Rachen verirren und ein Würgen auslösen. Manchmal bleibt einer dieser Fremdkörper quer im Gaumen stecken, und die Katze versucht, mit der Pfote ans Maul zu tatzen. Die Zeichen von Bedrängnis sind recht offensichtlich.

Der Katzenhalter kann das Knöchelchen im allgemeinen leicht entdecken und mit der Pinzette, einer Gabel oder einem Löffel entfernen.

Sollte jedoch ein Knochensplitter, eine Nadel oder ein ähnlicher Gegenstand bis in die Kehle gelangen, ist der Gang zum Tierarzt unerläßlich, der mit Narkose arbeiten kann.

Ein paar Gaben **Arnica montana C 6** sind bei erlittenen Hautabschürfungen von Nutzen und helfen, das überstandene Schockerlebnis bei der Operation zu verwinden.

Würmer

Fast alle Katzen sind gelegentlich von Würmern befallen und können sie auch von allein wieder loswerden, ohne daß es ihnen dabei sichtlich schlecht geht.

Es treten vor allem zwei Arten von Würmern auf: der Spulwurm und der Bandwurm.

Zu den Krankheitszeichen gehört der unregelmäßige Appetit: zu Zeiten sind die Katzen richtig gierig; dann wieder verweigern sie jegliches Futter. Insgesamt magern sie ab. Das Fell bleibt struppig und glanzlos. Manchmal kann auch das Vorfallen der Nickhaut ein Zeichen für Wurmbefall sein.

Spulwürmer werden oft erbrochen.

Ihnen begegnet man mit **Chenopodium**-Urtinktur in Pillenform morgens und abends ein paar Wochen lang. Dann gibt man eine Dosis **Cina C 200** und eine Woche später eventuell noch einmal.

Bandwürmer sind mit **Filix mas D 3** morgens und abends je eine Dosis zu vertreiben. Nach ein paar Wochen gibt man als Abschluß eine Gabe **Filix mas C 200**. In hartnäckigen Fällen, besonders bei schleimig-blutigem Stuhl, verabreicht man eine Woche lang morgens und abends **Mercurius corrosivus C 6**, bis die Symptome Besserung zeigen.

Natrium phosphoricum D 6, morgens und abends ein paar Wochen lang zusätzlich gegeben, hilft das gestörte Säure-Verhältnis im Darmmilieu auszugleichen, das Grundlage für den Wurmbefall war.

Anschließend gebe man noch einmalig eine Gabe **Calcium carbonicum D 200**.

Wunden

Katzen, die ein ungebundenes Leben im Freien führen können, wie es ihrem Bedürfnis entspricht, verletzen sich schon einmal auf diese oder jene Weise.

Bei ernsten Straßenunfällen, wenn das Tier z. B. von einem Auto angefahren worden sein sollte, muß es so bald als möglich vom Veterinär untersucht werden, da die Verletzung weit ernster sein kann, als es zunächst scheint. Zwischenzeitlich geben wir einmal stündlich **Arnica montana C 6**. Nach vier bis sechs Gaben die Zeitabstände länger werden lassen. Dies wirkt gegen den Schock.

Calendula ist eine ausgezeichnete Wundauflage (ein Teelöffel der Urtinktur auf eine halbe Tasse Wasser). Sie hemmt das Wachstum bakterieller Mikroorganismen.

Punktuelle, durch Einstiche entstandene (Kratz-)Wunden, die durch Bisse, spitze Gegenstände oder Splitter entstanden sind, behandelt man anstelle von **Arnica** alle zwei Stunden innerlich mit **Ledum C 6**. Äußerlich wird **Calendula** aufgetragen, zehn Tropfen der Urtinktur auf ein großes Glas Wasser. Als äußerliches Behandlungsmittel wirkt - in der gleichen Verdünnung - auch **Hypericum** wahre Wunder.

Verletzte Nerven, Fleischwunden, Quetschungen usw., die sehr schmerzhaft sind, verlangen geradezu nach **Hypericum**: äußerlich zehn Tropfen der Urtinktur auf ein großes Glas Wasser; innerlich alle zwei Stunden **Hypericum C 6**.

In ganz bösen Fällen nimmt man den Wundverband nicht öfter als einmal pro Tag herunter. Sobald er trocken wird, beträufelt man ihn mit der verdünnten Tinktur.

Zähne

Katzen bekommen sehr früh ihre ersten Zähne und innerhalb weniger Wochen ist das Milchzahngebiß komplett: 14 Zähne im Oberkiefer, 12 im Unterkiefer.

Der Zahnwechsel beginnt etwa mit vier Monaten, und die bleibenden Zähne, 30 an der Zahl, sind im allgemeinen mit etwa sieben bis acht Monaten alle durchgebrochen.

Während dieser Zeit sollte man das Kätzchen vor Ansteckungen und Infektionen besonders schützen. Es sollte eine ausgewogene Ernährung erhalten. Manchmal hilft während der Zahnung auch ein großer, fleischiger Knochen.

Ein gesundes Tier durchsteht das Zahnungsalter ohne größere Schwierigkeiten. Trotzdem ist es eine anstrengende Zeit, und die Katze ist von ihrer psychischen wie auch ihrer physischen Verfassung her leichter aus dem Gleichgewicht zu bringen als sonst.

Manche sehr empfindliche Kätzchen sind in diesen Monaten sehr mitgenommen.

Abrupte Veränderungen der Umgebung oder der Ernährung können zu nervös bedingten Verkrampfungen führen, was aber aufhört, sobald die bleibenden Zähne durchgestoßen sind (s. unter »Launen«, S. 29).

Mit **Calcium phosphoricum C 6** kann man dem Kätzchen über den Zahnwechsel hinweghelfen.

In höherem Alter bildet sich auch bei Katzen leicht Zahnstein, der von Zeit zu Zeit vom Tierarzt entfernt werden sollte. Das Tier bekommt einen fauligen Mundgeruch, und bei starkem Befall kommt es sogar zu Entzündungen und Geschwüren am Zahnfleisch. Dann fließt ihm der Speichel aus dem Maul und es hat Probleme beim Fressen.

Zähne, die locker und schadhaft geworden sind, müssen gezogen werden. Solange sie gesund sind, lassen sie sich mit **Symphytum D 3** für einige Zeit wieder festigen. Es wird drei Wochen lang zweimal täglich dem Futter beigemischt.

Ein Abszeß im Katzengesicht ist oft durch faule Zahnwurzeln bedingt, die vom Tierarzt gezogen werden müssen. Er nimmt sich auch der Eckzähne an, wenn diese gar zu lang werden und stören.

Nachdem der Zahnstein entfernt ist, betupft man das Mäulchen mit der **Calendula-Essenz** (ein Teelöffel auf eine halbe Tasse Wasser).

Allgemeine Hinweise

Ernährung

Katzen lieben eine abwechslungsreiche Ernährung. Jedes Tier hat seine besonderen Vorlieben; manche mögen Milch, andere nicht; einige ziehen Fisch, andere Fleisch vor.

Bei Übernahme einer Katze oder eines Kätzchens ist es immer ratsam, sich genau an die eingeschliffenen Ernährungsgewohnheiten zu halten und plötzliche Umstellungen zu vermeiden. Katzen sind Kreaturen mit einem empfindlichen Nervenkostüm und haben genug damit zu tun, sich die ersten Tage über an die veränderte Umgebung und die Menschen zu gewöhnen.

Ein ausgewachsenes Tier braucht täglich zwei Mahlzeiten. Morgens kann es mit heißer Milch übergossene rohe Haferflocken erhalten, sobald sie abgekühlt sind. Man kann auch einen mit Milch zubereiteten Haferbrei oder einen anderen Getreideschleim anbieten. Die Katze wird uns ihre Vorlieben bald wissen lassen. Die abendliche Mahlzeit sollte aus Fisch, Geflügel, Kaninchen- oder Rindfleisch mit Gemüse(-flocken) bestehen. »Für menschlichen Verzehr nicht geeignetes Fleisch« muß immer gut gekocht werden. Das Futter sollte regelmäßig zur gleichen Zeit fertig sein.

Kleine Kätzchen müssen öfter gefüttert werden. Anfangs gibt man eine Fertigmilch, später geht man morgens zu Haferflocken in gekochter Milch über. Die Hauptmahlzeit besteht mittags aus kleingeschnittenem Fleisch oder Fischstückchen. Nachmittags gibt es ein wenig Milch (Ziegenmilch ist für kleine Kätzchen am leichtesten verdaulich) und abends mischen wir nocheinmal Fisch oder Fleisch unter gut durchgegartes Gemüse. Mit weichgekochten Eiern, Milchpuddings oder geriebenem Käse läßt sich etwas Abwechslung in den Speiseplan bringen. Die Menge wird mit dem Heranwachsen langsam gesteigert. Stets sollte frisches, sauberes Wasser zur Verfügung stehen.

Stubenreinheit

Eine neu in den Haushalt aufgenommene oder eine kranke Katze, die die Wohnung nicht verlassen kann, braucht unbedingt ein Katzenklo. Grundsätzlich sind Katzen saubere Tiere. Die Katzenmutter bringt ihren Jungen die Grundlagen der Reinlichkeit und den Gebrauch des Katzenklos bei. Eine hochwandige Schüssel mag für die erwachsenen Tiere richtig sein, kleine Kätzchen brauchen hingegen eine niedrige Schale, damit sie beim Hinein- und Herauskommen keine Schwierigkeiten haben. Es gibt im Handel unterschiedliche Einfüllspreu, absorbierende Asche und Torfmoos. Die Schüssel muß immer am selben Platz stehen, - wenn man sie wegräumt, kann es sein, daß die Katze an dieser Stelle auf den Boden macht. Außerdem muß das Katzenklo regelmäßig gesäubert werden - keine Katze, die etwas auf sich hält, wird ein verschmutztes benutzen. Daneben sind in Tierhandlungen desinfizierende und geruchsbindende Sprays auch auf biologischer Grundlage erhältlich.

Pflege

Jede Katze sollte regelmäßig gebürstet werden. Junge Tiere gewöhnen sich schnell daran und genießen es. Andere wieder lassen es sich weniger gern gefallen. Dann macht man es lieber öfter für jeweils kurze Zeit. Langhaarige Katzen brauchen mehr Pflege als kurzhaarige.

Bürsten mit harten Borsten helfen, eine Menge loser Haare zu entfernen. Katzen mit kurzem Fell lassen sich mit einem eher feinen Kamm pflegen, dann werden sie mit den bloßen Händen oder einem Seidentuch gut gestriegelt. So erhält das Fell einen seidigen Glanz und die Katze genießt die Pflegemaßnahmen als einen Liebesbeweis.

Bei der Gelegenheit sollten auch Augen und Ohren untersucht und versorgt werden.

Augen

Etwa am zehnten Tag nach der Geburt öffnen kleine Katzen ihre Augen. Im allgemeinen gibt es keine Probleme, nur gelegentlich sind sie verklebt und bereiten Schmerzen. Dann sollte man schon etwas unternehmen: verkleben die Augen nur nachts und machen sonst einen gesunden Eindruck, schmiert man etwas **Calendula-Salbe** am Lidrand entlang. Mehr wird nicht nötig sein, es sei denn, der Zustand verschlechtert sich, und es treten eitrige Absonderungen auf. In dem Fall helfen Spülungen mit Salzlösung (einen Teelöffel voll auf einen Liter Wasser), anschließend wieder die **Calendula-Salbe**. Innerlich geben wir jeden zweiten oder dritten Tag eine Dosis **Pulsatilla D 30**. Liegt das Medikament in Tablettenform vor, so wird jeweils eine zwischen zwei Löffeln zerpulvert und dem Kätzchen unter die Zunge gestrichen.

Gras

Katzen, die freien Auslauf haben, lieben Gras als Brechmittel. Besonders die langhaarigen Vertreter ihrer Spezies nehmen es auf, um sich von verschluckten Haarknäueln zu befreien. Einer Katze, die in der Wohnung gehalten wird, sollte man etwas Gras in Blumentöpfen ziehen.

Unwohlsein

Es kann vorkommen, daß die Katze ohne ersichtlichen Grund abmagert, bezüglich des Futters besonders heikel oder auch besonders gefräßig wird. Zu diesen Symptomen kommen oft noch weiche, gelbe Stühle und ein Blähbauch hinzu. Hier helfen fünf Tropfen **Alfalfa-Urtinktur** als Stärkungsmittel. Wir mischen sie ein paar Wochen lang zwei oder drei Mal täglich mit unters Futter.

Fieber

Die normale Körpertemperatur einer Katze liegt bei 38,6–39 °C. Sie läßt sich im After am genauesten messen, obgleich die meisten Katzen sich das nicht gern gefallen lassen. Man kann es auch unter dem Vorder- oder Hinterbein versuchen, aber das Thermometer rutscht leicht weg, und man muß ein sorgsames Auge darauf haben. Bei dieser Methode kann man den wahren Meßwert um ca. 0,5 °C höher ansetzen als der tatsächlich abgelesene. Bei fast allen Tieren ist es ratsam, die Temperatur nach einer Zeit der Ruhe oder Entspannung abzunehmen, da Aufregung jeder Art die Körpertemperatur abrupt steigen lassen kann. Messungen über 39 °C sind Anlaß zu besonderer Beobachtung.

Futter für kranke Katzen

Wenn das erkrankte Tier überhaupt Appetit hat, ist das von großer Hilfe. Wasser sollte immer zur Verfügung stehen, da es von allen anderen Dingen am ehesten und freiwillig aufgenommen wird.

Bei großer Schwäche hilft ein geschlagenes Ei mit ein paar Tropfen Branntwein oder Whisky. Daneben können wir »Melkatz« empfehlen, ein fließfähiges Futtermittel auf Milchbasis.

Manche Patienten mögen wohl auch etwas Fleisch, Fisch oder Geflügel und nehmen noch genug Nahrung auf, um sich am Leben zu erhalten. Zwei Tage lang kommt die Katze bedenkenlos auch ohne Futter aus; nach dieser Periode jedoch sollte man etwas nachhelfen und alle zwei Stunden einen kleinen Bissen füttern. Sehr einfach geht es mit flüssiger Nahrung, die mittels einer Spritze (zur subkutanen Injektion) ohne Kanüle eingeträufelt wird. Vorausgesetzt, man hat um den Katzenhals ein Tuch gelegt, um zu verhindern, daß die Nährlösung auf das Tier tropft, incommodiert diese Methode künstlicher Ernährung den Patienten kaum. Man könnte es mit »Boviserin« versuchen, einem Rinderkonzentrat.

Wenn weder Verdauungs- noch Magenbeschwerden vorliegen noch eine wesentlich erhöhte Temperatur, kann man auch morgens und abends etwas rohes Fleisch in kleinen Stücken in den Schlund hineinschieben, bis die Katze wieder aus eigenem Antrieb mit der Nahrungsaufnahme beginnt.

Eingeben der Arznei

Die homöopathischen Tabletten sind klein und angenehm zu schlucken. Deshalb lassen sie sich leichter als andere Arzneien an Katzen verabreichen.

Man öffnet das Katzenmaul, gibt die Tablette oder Globuli auf die feuchte Zunge und schließt das Maul schnell. Sorgfältig beobachten, ob sie hinuntergeschluckt wurde; manche Katzen bringen die Tabletten später wieder heraus, obgleich es den Anschein hat, als seien sie verschluckt worden.

In dem Fall zerquetscht man die Tabletten oder gibt die Arznei von vornherein als Trituration (in Pulverform) in den Mundwinkel. Sie läßt sich auch in etwas Wasser auflösen oder mit etwas Fleisch auftupfen, falls der Patient noch bei gutem Appetit ist.

Eine Gabe heißt: eine Tablette oder fünf bis zehn Körnchen oder fünf bis zehn Tropfen oder eine Messerspitze des Pulvers.

Potenzen

Im akuten Krankheitsstadium müssen die Arzneien öfter gegeben werden, bis die Katze Erleichterung verspürt. Wenn es Anzeichen für einsetzende Besserung gibt, wenn z. B. das Erbrechen oder der Durchfall aufhört oder dem Patienten wohler zu sein scheint, wenn er zu schlafen scheint und sich weniger apathisch oder gedrückt bewegt, so ist dies ein Zeichen, daß das Medikament seine Wirkung entfaltet. BEI FORTSCHREITENDER BESSERUNG IST ES NICHT NÖTIG, DIE DOSIS ZU WIEDERHOLEN. Wer sich nicht ganz sicher ist, ob das gewählte Mittel auch das richtige sein mag, sollte sich an die niedrigen Potenzen halten (D 3, C 3, D 4, C 5, D 6, C 6). In diesem Buch sind vorwiegend Centesimal-Potenzen verwendet worden.

Die niedrigen Potenzen tun ihren Dienst genauso zuverlässig wie die Hochpotenzen, nur nicht so schnell. Hochpotenzen sind schnell und durchgreifend wirksam, wenn sie richtig verordnet werden, können aber bei unangemessenem Gebrauch auch Komplikationen stiften. Hochpotenzen werden in der Regel wie folgt dosiert: C 30 einmal täglich oder einmal wöchentlich 1 Gabe des jeweiligen Mittels. Höhere Potenzen werden nur einmalig gegeben. Die Wiederholung der Verabreichung ist bei Bedarf erst nach einem Zeitraum von drei bis vier Wochen möglich.

Akute Krankheiten brauchen 24–48 Stunden lang ihre Heilanstöße, danach mit einsetzender Besserung werden die Abstände verlängert.

Das Zeichen Ø steht für Urtinktur. Es sind flüssige Medikamente. Daneben sind die Trituration (Pulverform) und Globuli, Streukügelchen auf Milchzucker-Basis erhältlich. Die in Alkohol aufgelöste Arznei schmeckt den Katzen nicht so gut.

Literaturempfehlungen:

Bairacli-Levy/Die Aufzucht junger Hunde nach natürlichen Methoden. Albert Müller Verlag

Wolff/Unsere Hunde – gesund durch Homöopathie. Sonntag Verlag

Wolff/Unsere Katze – gesund durch Homöopathie. Sonntag Verlag

Alphabetisches Mittelverzeichnis

Ipecacuanha
Kali jod
Ledum
Mercurius corrosivus
Mercurius solubilis
Natrium muriaticum
Natrium sulphuricum
Nux vomica
Opium
Phosphorus
Phytolacca
Podophyllum
Psorinum
Pulsatilla
Pyrogenium
Rhus toxicodendron
Silicea
Spongia
Sulphur
Symphytum
Tarentula cubensis
Teucrium marum
Terebinthina
Thlapsi bursa
Urtica urens

Gesundheit für Hunde ...

K. Sheppard führt in diesem Kompendium eine Anzahl gängiger Hundekrankheiten auf und gibt unter genauer Beschreibung der Symptome die Angaben für eine angemessene homöopathische Behandlung. Verletzungen, Infektionskrankheiten, Parasitenbefall etc. können so auch vom Laien wirksam bekämpft werden. Dazu kommen nützliche Hinweise zur Unterstützung des Heilungsprozesses bei Sterilisationen und Kastrationen sowie zu Fragen allgemeiner Pflege unserer nächsten Hausgenossen.

Kartoniert, 90 Seiten mit Illustrationen ca. **DM 9,80**

edition wandlungen